LE COMTE

PORTALIS

PARIS

LIBRAIRIE NOUVELLE

BOULEVARD DES ITALIENS 15, EN FACE DE LA MAISON DORÉE.

1853

PARIS. — TYP. SIMON RAÇON ET Ce, RUE D'ERFURTH. 1.

LE COMTE
PORTALIS.

PORTALIS (Joseph-Marie, comte), ancien garde des sceaux
de France, ancien ministre des affaires étrangères, vice-
président de la dernière Chambre des pairs, premier président honoraire de la Cour de cassation, membre de l'Institut,
grand-croix de l'ordre de la Légion d'honneur, etc., naquit
à Aix le 19 février 1778. Son père, avocat le plus éminent
du barreau de cette ville, vint, au mois de mars 1792, chercher à Lyon, puis à Villefranche, un abri contre les persécutions révolutionnaires qu'avaient attirées sur lui sa fidélité

courageuse à d'honorables amitiés. Le jeune Portalis, dont les études n'étaient point encore terminées, l'accompagna dans sa retraite. Tous deux arrivèrent à Paris le dernier jour de l'année 1793, espérant s'y dérober plus facilement aux recherches dont M. Portalis était l'objet. Mais la fortune déconcerta leur prévoyance. M. Portalis, reconnu, dénoncé et conduit en prison, ne redevint libre que plusieurs mois après la chute de Robespierre.

Atteint bientôt après par une nouvelle proscription, celle du 18 fructidor, M. Portalis dut chercher une seconde fois la liberté dans l'exil. Il se retira avec son fils en Suisse et dans le Brisgaw, où ils vécurent quelque temps dans l'intimité précieuse de l'abbé Delille, de l'abbé Georgel, de Mallet-Dupan et d'autres Français expatriés comme eux. Tous deux se disposaient à partir pour Venise, lorsqu'un cordial appel du général Mathieu Dumas les détermina à venir partager l'hospitalité dont il jouissait lui-même au château d'Emckendorff, dans le Holstein, chez l'honorable comte de Reventlau. Ce séjour sur les bords de la Baltique devint doublement cher à M. Joseph Portalis par l'estime et l'inclination qu'il y inspira à une jeune personne qui unissait à la distinction du sang celle des grâces et de l'esprit : c'était la comtesse Frédérique de Holck, issue d'une des maisons les plus illustres de l'Allemagne, nièce et pupille du comte de Reventlau. Les deux familles approuvèrent avec empressement cette union; mais sa célébration fut suspendue par le retour en France des deux exilés à la suite de la révolution du 18 brumaire. Elle n'eut lieu que l'année suivante, le 9 mai 1801, à Kœnigsbruck dans la Basse-Lusace. Peu de temps après son arrivée en France, la jeune étrangère abjura la religion luthérienne, qu'elle avait jusqu'alors professée.

La haute renommée qui attira sur M. Portalis père les faveurs du régime consulaire protégea les premiers pas de son fils dans la carrière des emplois publics. Il entra en qualité de surnuméraire au ministère des relations extérieures, et fut attaché à la légation de France au congrès de Lunéville. Au mois de novembre 1800, il se rendit auprès de l'électeur de Saxe avec une mission particulière du gouvernement. Un an plus tard, il fit partie de la légation française présidée par Joseph Bonaparte au congrès d'Amiens, et ce fut lui que le chef de l'ambassade chargea de rapporter à Paris le traité de paix signé dans cette mémorable réunion.

Au mois d'octobre 1802, M. Portalis fut nommé premier secrétaire d'ambassade à Londres, sous le général Andréossy; sept mois après, il passa en la même qualité près de la cour de Prusse, sous la direction de M. de Laforêt, ambassadeur extraordinaire de France. Il termina cette première phase de sa carrière diplomatique par le poste important de ministre plénipotentiaire près de l'électeur archi-chancelier de l'empire germanique, et résida sous ce titre pendant dix mois à Ratisbonne.

La santé chancelante de son père, alors ministre des cultes, détermina l'empereur à rappeler en France M. Portalis. Par un décret rendu à Milan au mois de juin 1805, il fut

nommé secrétaire général attaché à ce ministère et maître
des requêtes au conseil d'État. Lorsque, deux ans après,
la mort eut ravi à la société cet artisan si recommandable
de la réorganisation civile et religieuse, il fut chargé par
interim du portefeuille des cultes jusqu'au remplacement
de son père. Au nombre des souvenirs utiles que laissa cet
interim, on doit mentionner l'augmentation considérable des
succursales de l'Empire et celle des bourses affectées aux
séminaires diocésains, une impulsion salutaire donnée à l'ac-
tion des établissements de charité, un zèle louable à associer
la sollicitude impériale à ces œuvres de bienfaisance (1).
En 1808, M. Portalis fut nommé conseiller d'État en service
ordinaire, attaché à la section de l'intérieur, puis membre du
conseil du sceau des titres. Le 15 août 1809, Napoléon le
créa comte de l'Empire avec une dotation de dix mille francs
de rente dans l'île de Rugen, en Poméranie. Enfin, au mois
de février 1810, il fut appelé aux fonctions de directeur général de l'imprimerie et de la librairie, fonctions délicates
et importantes sous un régime absolu, mais qui marquèrent
le terme de la haute faveur dont il avait joui jusqu'alors.

Aux relations longtemps amicales du Saint-Siége avec le
gouvernement impérial avaient succédé progressivement
d'affligeants débats. Le vénérable Pie VII s'était vu, dans la
nuit du 5 au 6 juillet 1809, violemment enlever de son pa-
lais pontifical et réduire à la plus dure captivité. Ces persé-

____

(1) *Mémoires sur les affaires ecclésiastiques de France*, par M. Jauffret, tom. 1,
p. 217.

cutions jetèrent le trouble dans plusieurs églises de la chré-
tienté, et le diocèse de Paris ne fut pas des derniers à en
ressentir l'influence. La nomination du cardinal Maury, appelé par Napoléon à remplacer le vénérable du Belloy, y fut
accueillie avec peu d'empressement, et ce ne fut qu'à une fai-
ble majorité que le chapitre consentit à l'investir de l'administration de ce siége. Par un bref rendu à Savone, le 5 novembre 1810, le pape enjoignit à ce prélat de ne tenir aucun
compte de la décision du chapitre et de retourner à son
évêché de Montefiascone. Cet acte de vigueur fit grand bruit.
L'abbé d'Astros, vicaire général du diocèse de Paris, depuis
cardinal et archevêque de Toulouse, qui correspondait se-
crètement avec Pie VII, communiqua à M. Portalis, dont
il était proche parent, le bref en question. Peu de jours
après, cet ecclésiastique fut arrêté, conduit à Vincennes, et
ses papiers subirent un rigoureux examen dont le résultat
fut la découverte des personnes auxquelles il avait fait part
du manifeste pontifical. Napoléon apprit avec une irritation extrême que M. Portalis était du nombre ; il lui fit
sérieusement un crime de n'avoir pas dénoncé au gouvernement le porteur de ce bref. Trompé par une regret-
table confusion, le ministre de la police générale exas-
péra encore son mécontentement en persuadant à l'empereur que le pape y censurait hautement les cardinaux qui
avaient assisté à son mariage avec l'archiduchesse Marie-
Louise. Le 5 janvier 1811, le conseil d'État était réuni en
assemblée générale sous la présidence de Napoléon, lors-

que ce prince, s'adressant avec vivacité à M. Portalis, lui
reprocha ce qu'il appelait son ingratitude et sa trahison, et
l'accusa d'avoir connu et divulgué une bulle d'excommuni-
cation dont il était l'objet : « Pourquoi, continua l'empereur,
« n'êtes-vous pas venu me découvrir le coupable et ses ma-
« chinations? » M. Portalis ayant objecté que l'abbé d'Astros
était son cousin, « Votre faute n'en est que plus grande, » re-
prit son véhément interlocuteur; « lorsque quelqu'un est
« tout à fait à moi, comme vous l'êtes, ceux qui leur appar-
« tiennent ou dont ils répondent sont à cet instant hors de
« toute police ; voilà quelles sont mes maximes. » Cette scène
de violence, évidemment calculée en vue d'intimider les as-
sistants, se termina par un ordre d'exil à quarante lieues de
Paris, et fut suivie d'un décret qui destituait M. Portalis de
toutes ses fonctions publiques. L'honorable disgracié quitta
la capitale le soir même, accompagné de sa jeune femme et
de deux enfants en bas âge. Il se rendit d'abord à Auxerre,
puis à Lyon, à Aix, et dans sa terre des Pradeaux ; la sur-
veillance à laquelle il était soumis s'étant enfin adoucie en
présence d'un devoir sacré, il put venir à Gennevilliers re-
cueillir les derniers soupirs de sa vénérable mère, sœur
du comte Siméon, depuis ministre de l'intérieur.

Cependant le zèle des amis de M. Portalis n'était pas de-
meuré inactif. MM. Molé et Pasquier, surtout, entrés au conseil d'État en même temps que lui, et, comme lui, sous les
auspices d'un nom illustre, n'avaient rien négligé pour fléchir
le courroux de l'empereur. Leurs instances réitérées furent

couronnées de succès. Au mois d'octobre 1813, M. Portalis
eut la permission de revenir à Paris, et, dans les premiers
jours de décembre, il fut nommé premier président de la
Cour impériale d'Angers. Cette promotion était honorable,
sans doute ; mais, après la scène du conseil d'État, le nouveau titulaire éprouvait une vive répugnance à prêter ser-
ment entre les mains de l'empereur. Soit qu'il fût touché
d'un sentiment analogue, et qu'il regrettât dès lors, comme
il l'a dit depuis à M. de Las Cases (1), l'emportement au-
quel il s'était abandonné, soit par tout autre motif, Napoléon
le dispensa de cette formalité.

La disgrâce récente de M. Portalis était trop étroitement
liée aux persécutions exercées par Napoléon contre le Saint-
Siége pour ne pas attirer sur lui l'intérêt du gouvernement
royal. Cette impression favorable fut encore fortifiée par le
souvenir des services qu'en sa qualité de secrétaire d'ambassade à Londres, après la paix d'Amiens, il avait rendus à un
grand nombre d'émigrés français. Louis XVIII lui conféra le
brevet de conseiller d'État en service extraordinaire, et celui
d'officier de la Légion d'honneur. Un an après, quoiqu'il eût
conservé ses fonctions de magistrature durant l'interrègne
des Cent-Jours, M. Portalis fut nommé conseiller d'État en
service ordinaire et conseiller à la Cour de cassation. Deux
ans plus tard, le ministère que dirigeait M. le duc de Richelieu crut devoir confier à son expérience diplomatique une

____

(1) *Mémorial de Sainte-Hélène*, tom. III, pag. 380.

mission d'un haut intérêt. Le gouvernement français avait conclu avec le pape, le 11 juin 1817, un concordat dont les clauses rencontrèrent une vive opposition à la Chambre des députés. Le duc de Richelieu proposa au roi d'envoyer à Rome M. Portalis, pour y reprendre les négociations sur de nouveaux errements, et il écrivit à M. de Blacas, ambassadeur de France, « qu'on voulait lui donner un renfort dans « M. Portalis, homme *très-religieux et très-conciliant.* » Ces pressentiments furent justifiés par la sage attitude du nouveau négociateur, et par son union intime avec le duc de Blacas, laquelle donna, ajoute l'historien de Pie VII, « une grande « force aux représentations de la France (1). » Mais des obstacles ultérieurs ayant entravé la conclusion définitive d'un traité entre les deux cours, M. Portalis conseilla de se borner quant à présent à obtenir du Saint-Siége que l'exécution du concordat de 1807 fût suspendue jusqu'après sa publication en France selon les formes constitutionnelles. Sous cette condition, le gouvernement du roi s'engagerait à proposer aux Chambres l'érection de vingt-quatre nouveaux siéges épiscopaux, et le pape, de son côté, promettrait de pourvoir immédiatement à la vacance de ceux qu'avait institués le concordat de 1801. Cette solution, acceptée par le Saint-Siége et par la cour de France, et sanctionnée par le conseil d'État, est devenue depuis lors la base des rapports établis entre les deux gouvernements.

(1) *Histoire de Pie VII*, par M. Artaud, tom. II. p. 557.

M. Portalis fut promu à la pairie par l'ordonnance collective du 5 mars 1819. Lorsqu'en 1820 le ministère de M. Decazes dut céder au mouvement de répulsion qu'avait soulevé l'assassinat de M. le duc de Berri, il entra dans le nouveau cabinet comme sous-secrétaire d'État de la justice, dont le portefeuille était confié à M. de Serre. M. Portalis défendit en cette qualité le projet de loi sur la police de la presse périodique. Il se retira au mois de décembre 1821, lors de la formation du ministère de M. de Villèle ; mais il se fit remarquer à la Chambre des pairs, pendant les années qui suivirent, par plusieurs rapports importants, notamment ceux sur les projets de loi relatifs aux communautés religieuses, aux délits commis dans les églises, à l'indemnité des émigrés, etc. Le 6 août 1824, il fut nommé président de la chambre criminelle de la Cour de cassation. Les élections de 1827 ayant déterminé la retraite de M. de Villèle et de ses collègues, M. Portalis succéda, le 4 janvier 1828, à M. de Peyronnet, comme garde des sceaux, ministre de la justice. Les antécédents personnels du comte Portalis, l'aménité de son caractère, sa connaissance approfondie des hommes et des choses, son attachement traditionnel aux principes religieux et monarchiques, et jusqu'au souvenir des éminents services que son père avait rendus à la cause de l'ordre et de la religion, tous ces éléments d'influence, si puissants sur un monarque tel que Charles X, firent de M. Portalis le membre le plus considérable et le plus écouté du nouveau cabinet. M. Portalis usa de la confiance du roi dans le sens le plus propre à calmer l'irritation véritable ou affectée qu'avait produite la dernière administration. Il obligea les jésuites à soumettre leurs établissements au régime universitaire, fit circonscrire dans les proportions légales le nombre des écoles secondaires ecclésiastiques, réorganisa le conseil d'État sur les bases les plus constitutionnelles, et provoqua l'éloignement des fonctionnaires qui contrariaient par leur exaltation la politique conciliante du cabinet. Il accompagna la présentation d'un projet de loi sur la presse d'un exposé de motifs dont la modération remarquable parut satisfaire pleinement le côté gauche de la Chambre. Enfin, dans un rapport adressé à Charles X au nom du ministère, il insista sur la nécessité de se conformer invariablement à la lettre et à l'esprit de la Charte. Mais ces concessions ne firent qu'indisposer l'extrême droite, sans convertir le parti révolutionnaire au régime de la Restauration.

M. de la Ferronnays s'étant vu contraint par l'altération de sa santé à quitter le département des affaires étrangères, le comte Portalis avait été chargé, d'abord par *interim*, puis définitivement (14 mai 1829), de la direction de ce ministère. Ce fut en cette qualité que, sur l'ordre de Charles X, il manda au prince de Polignac, ambassadeur en Angleterre, de se rendre à Paris pour y conférer avec M. de Mortemart, son collègue à la cour de Russie. Ce motif n'était, dans l'esprit du roi, qu'un prétexte pour essayer l'effet que produirait sur l'opinion publique la présence de son favori. Cette impression fut loin d'être favorable, et le ministère, au sein duquel

fut éventuellement agitée la question de son avénement aux
affaires, se prononça dans le sens d'une répulsion absolue.
Cependant Charles X crut de plus en plus reconnaître l'impos-
sibilité de conserver un cabinet pour lequel il n'avait jamais
éprouvé d'ailleurs de véritable sympathie. Le retrait du projet de loi sur l'administration départementale fut le prélude de
cette imminente séparation. Charles X communiqua à M. Portalis, le 6 août 1829, son intention de le remplacer par M. de
Polignac, avec le titre de président du conseil, et réalisa à
cette occasion la promesse qu'il lui avait faite quinze mois au-
paravant de l'appeler à la première présidence de la Cour de
cassation. M. Portalis fut nommé le 8 août à ce poste éminent.

Après l'installation du gouvernement de Juillet, la vie publique de M. Portalis cessa d'appartenir à la politique active,
et se concentra exclusivement dans les travaux de la pairie
et l'exercice des fonctions de la magistrature. Il fit à la
Chambre un grand nombre de rapports au nom des commis-
sions chargées d'examiner les projets de loi présentés par le
gouvernement, ou d'instruire sur les complots formés contre
la sûreté de l'État. Parmi ces rapports, on distingue ceux relatifs à la contrainte par corps contre les pairs de France, à
la contrainte par corps en matière civile, au divorce, à l'or-
ganisation de la cour royale de Paris, du tribunal de la
Seine et du chapitre de Saint-Denis, etc. M. Portalis prononça en outre, à la tribune de la Chambre des pairs, un
grand nombre d'éloges funèbres, ceux entre autres du mar-
quis de Malleville, du comte Siméon, son oncle maternel, du

comte de Bastard, du baron Portal, du baron Mounier, de
M. Camille Périer, etc. Il reçut, en 1833, la dignité de
grand-croix de la Légion d'honneur, et fut promu, le 20 novembre 1834, à celle de vice-président de la Chambre des
pairs. Lors de la Révolution de 1848, M. Portalis conserva, à
l'exemple de la plupart de ses collègues, le siége qu'il occu-
pait à la tête du premier corps judiciaire. Il fit partie du Sé-
nat institué par le président de la République à la suite des
événements de décembre 1851, et du conseil d'instruction
publique réorganisé par le décret du 9 mars suivant. Il rési-
gna, le 2 novembre de la même année, la première présidence
de la Cour suprême, qu'il avait honorée, pendant plus de
vingt-trois ans, par une intégrité rigide, un jugement sûr, et
par la profondeur d'un savoir qui embrassait dans tous
leurs développements les questions les plus vastes du droit
civil et du droit public. Sa retraite excita de vifs regrets,
non-seulement au sein de sa compagnie, mais dans le corps
entier de la magistrature française.

La carrière de cet homme d'État est une des plus longues
et des mieux remplies que mentionne l'histoire, et, pour
emprunter le langage de son savant successeur, « il a eu le
« mérite si rare de soutenir dignement un nom difficile à
« porter, et d'ajouter à une réputation héréditaire celle de
« ses propres services dans la politique, l'administration et
« la haute magistrature (1). »

(1) Discours d'installation de M. le premier président Troplong. (*Moniteur* du
1er janvier 1855.)

M. Portalis avait, à l'âge de vingt et un ans, été couronné
par l'Académie royale de Stockholm, pour un *Mémoire sur le
devoir de l'historien de bien considérer le caractère et le gé-
nie de chaque siècle, en jugeant les grands hommes qui y ont
vécu* (Paris, an VIII), travail remarquable par une érudition
aussi solide que précoce. En 1820, il publia le grand ouvrage
de son illustre père : *De l'Usage et de l'Abus de l'Esprit philo-
sophique*, avec une Notice sur sa vie et une *Introduction* qui
fit honneur à l'étendue de ses connaissances psychologiques.
Le 11 février 1839, il fut élu, à la presque unanimité, membre de l'Académie des sciences morales et politiques de l'Institut, en remplacement du trop fameux conventionnel Mer-
lin (de Douai). Parmi les communications nombreuses que
M. Portalis a faites à cette compagnie savante, nous mention-
nerons divers opuscules composés pour combattre les doc-
trines antisociales répandues à la faveur de la Révolution
de 1848, et de judicieuses *Observations sur le Code civil sarde*,
à l'époque de sa promulgation. Ces ouvrages ont été imprimés
par ordre de l'Académie.